지구 박물관 여행

에바 벵사르 글·뱅자맹 쇼 그림
이세진 옮김

바티칸 박물관
교황들이 살면서 보물을 수집해 왔던 거대 복합 단지

새벽 5시, 잔니는 벌써 일을 나갈 채비를 합니다. 감청색 제복으로 갈아입고 순회에 나서지요. 잔니는 '클라비제로'인데, 우리말로 하면 '수석 열쇠지기'입니다. 바티칸 박물관의 많고도 많은 문을 매일같이 여닫는 사람이 바로 잔니예요. 한 손에 엄청난 부피의 열쇠 꾸러미를, 다른 손에는 회중전등을 들고 하루에 걷는 거리만 해도 몇 킬로미터에 달하지요. 수백 개 열쇠 중에서 어느 열쇠가 어디 것인지 귀신같이 꿰고 있으니 실수는 결코 없습니다! 고대 이집트 석관, 그리스 꽃병, 이탈리아 회화…… 어둠 속에서 끝없이 이어지는 바티칸의 보물들이 오직 그에게만 모습을 드러냅니다. 잔니의 열쇠 꾸러미 중에서도 시스티나 성당의 열쇠는 특히 귀중합니다. 딱 하나뿐인 열쇠이기 때문에 잃어버린다는 건 상상도 할 수 없어요!

르네상스의 위대한 미술가들이 장식한 이 성당을 보기 위해 매일 관람객이 몰려듭니다. 그래도 새벽마다 첫 번째로 그곳에 발을 들이는 사람은 언제나 열쇠지기 잔니예요. 그는 고요하고 차분하게 미켈란젤로의 천장화를 감상할 수 있어요. 이 일을 20년이나 했는데도 여전히 그 놀라운 광경 앞에 감동하지 않을 수 없다는군요! 날이 저물고 관람객들이 모두 떠나면 잔니는 다시 전시실을 하나하나 돌면서 손상된 곳이 없는지 살핍니다. 그러고는 자신의 믿을 수 없는 사명에 감사하며 모든 문을 잠그지요.

바티칸 시국은 세계에서 가장 작은 나라입니다. 이탈리아의 수도 로마 한복판에 있지요. 교황이 다스리는 이 초소형 국가는 인구가 1,000명도 되지 않아요. 그렇지만 바티칸 박물관은 교황들이 수백 년에 걸쳐 모아 왔던 보물을 수십만 점이나 소장하고 있답니다.

교황의 집에 오신 것을 환영합니다!

바티칸 박물관을 돌아보다 보면 르네상스 시대 교황들의 거처를 통과하고 교황들이 실제로 걸었던 통로를 따라가게 됩니다. 가령, 화려한 '지도의 회랑'(1581)은 이탈리아 전역의 상세 지도로 꾸며져 있어요. 교황 그레고리우스 13세는 바티칸을 떠나지 않고도 여행하는 기분을 내기 위해 이러한 실내장식을 요청했다지요.

율리우스 2세는 누구인가요?

1503년에서 1513년까지 재위한 교황으로, 황제에 맞먹는 권력을 행사했기 때문에 '율리우스 카이사르 2세'라는 별명이 붙기도 했어요. 로마에서 대규모 건축 공사를 추진하고 미켈란젤로와 라파엘로 같은 천재 예술가들에게 작업을 맡겼답니다.

〈라오콘〉

1506년 1월 10일, 포도밭을 일구던 농부들이 흙에 파묻힌 아주 오래된 그리스 조각상을 발굴했습니다. 흉측한 뱀과 싸우는 한 남자(라오콘)와 그의 두 아들을 조각한 군상이었지요. 당시의 교황 율리우스 2세는 서둘러 이 조각상을 사들였어요. 〈라오콘〉은 그의 컬렉션을 빛내 주었지요. 율리우스 2세는 바티칸궁에 이 작품을 자랑스럽게 전시했어요. 후임 교황들도 예술품을 열심히 모아들였기 때문에 바티칸궁은 점차 어엿한 박물관으로 변해 갔답니다!

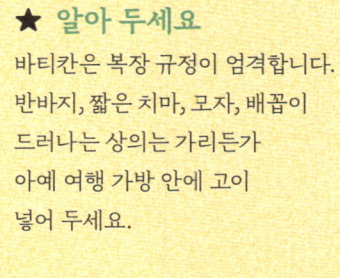

★ **알아 두세요**

바티칸은 복장 규정이 엄격합니다. 반바지, 짧은 치마, 모자, 배꼽이 드러나는 상의는 가리든가 아예 여행 가방 안에 고이 넣어 두세요.

시스티나 성당

바티칸 투어의 꽃은 뭐니 뭐니 해도 시스티나 성당이지요. 이곳은 오늘날에도 교황 선출이 이루어지는 성스러운 장소입니다. 천장화의 먼지는 1년에 한 번씩, 20미터 높이로 팔을 올릴 수 있는 기계 '라냐'*를 통해 제거합니다. 미술품 복원사들은 직접 총채를 들고 이 기계의 곤돌라를 타고 올라가 미켈란젤로가 둥근 천장에 그려 넣은 350명의 인물을 마주 보면서 먼지 제거 작업을 한대요.

* '라냐'는 이탈리아 말로 '거미'라는 뜻이에요.

미켈란젤로는 누구인가요?
르네상스 시대 피렌체 출신의 예술가(1475~1564)로, 어떤 대리석 덩어리도 걸작으로 변모시킬 수 있는 천재 조각가였어요. 하지만 시스티나 성당에서는 조각가가 아닌 화가로서의 재능을 발휘했습니다.

☞ 천장화 중 <아담의 창조>에서 아담의 손동작은 여러 곳에서 패러디되었어요. 스티븐 스필버그 감독의 영화 <E.T.>는 유명한 한 예이지요.

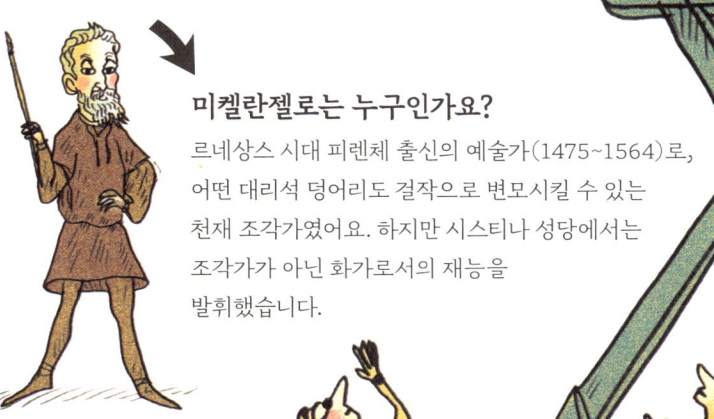

모모의 계단

이쪽으로 나가면 됩니다! 바티칸 박물관의 출구로 통하는 '모모의 계단'은 이탈리아 건축가 주세페 모모가 1932년에 설계한 나선형 계단이에요. 빙글빙글 도는 계단의 난간이 똬리를 튼 뱀처럼 보이지 않나요? 인생 사진을 찍기에 딱 좋은 장소예요!

▶ **관람을 위한 조언**
바티칸 박물관 내 민속박물관에는 3미터 높이의 파푸아 머리 장식을 비롯하여 전 세계 대륙에서 모은 10만 점의 전시물이 있어요.

♥ **기념으로 삼을 만한 물건**
바티칸 시국에서 발행하는 우표를 바티칸 우체국 사무소에서 구입할 수 있습니다.

바티칸 정원

바티칸 시국은 면적의 절반이 정원입니다. 700년이 넘는 세월 동안 교황들의 쉼터가 되어 준 볕 잘 드는 잔디밭과 나무 그늘이 있는 숲이 23만 제곱미터에 달해요. 이곳에서 마시밀리아노와 질베르토는 교황의 식탁에 올릴 채소를 기르지요. 이 정원을 관리하는 사람만 해도 30명이 넘어요. 일반인도 방문 예약을 하면 둘러볼 수 있답니다.

캐나다에 프랭크 게리라는 소년이 있었어요. 물고기라면 사족을 못 쓰고 좋아했기 때문에 다들 그를 영어로 '물고기'란 뜻의 '피시'라는 별명으로 불렀지요. 그는 특히 잉어를 좋아했어요! 프랭크 게리의 할머니는 유대교 안식일의 전통 요리를 만들기 위해 잉어를 몇 마리 사서 욕조에 물을 받고 넣어 두었어요. 프랭크는 욕조에서 헤엄치는 잉어들을 시간 가는 줄 모르고 구경했고요. 후에 건축가가 된 프랭크 게리는 어린 시절에 보았던 잉어의 실루엣을 자신의 가장 눈부신 건축물로 표현하기로 했어요. 빌바오의 구겐하임 미술관이 바로 프랭크 게리의 작품이랍니다. 어때요, 강가에서 꿈틀대며 은빛 비늘을 번득이고 지느러미를 부풀린 거대한 잉어를 닮지 않았나요? 곡선으로만 이루어진 이 함선 같은 건축물에는 놀라운 점이 많아요.

지구상에서 이런 미술관은 처음이었지요! 빌바오의 인구는 34만 5,000명에 지나지 않지만 구겐하임 미술관은 개관 첫해에만 방문객이 100만 명도 넘었어요. 빌바오는 이 미술관 덕분에 무미건조한 시절에서 벗어났습니다. 새로운 손님들을 맞이하기 위해 상점, 호텔, 지하철, 친환경 트램이 만들어지자 주민들의 생활이 편리해졌고 일자리도 엄청 늘었어요. 이로 인해 '구겐하임 효과'라는 용어가 생겨났지요. 이러한 선순환은 지금까지도 이어지면서 빌바오 주민들에게 기쁨을 안겨 주고 있어요!

빌바오 구겐하임 미술관
도시의 운명을 바꿔 놓은 미래파 함선

빌바오 구겐하임 미술관은 프랭크 게리가 디자인을 맡았고, 건축 부지는 스페인 빌바오의 네르비온 강가였습니다. 게리는 직선이라곤 거의 찾아볼 수 없는 이 건축물을 안전하게 설계하기 위해 항공기와 로켓 디자인에 쓰이는 3D 소프트웨어를 사용했어요.

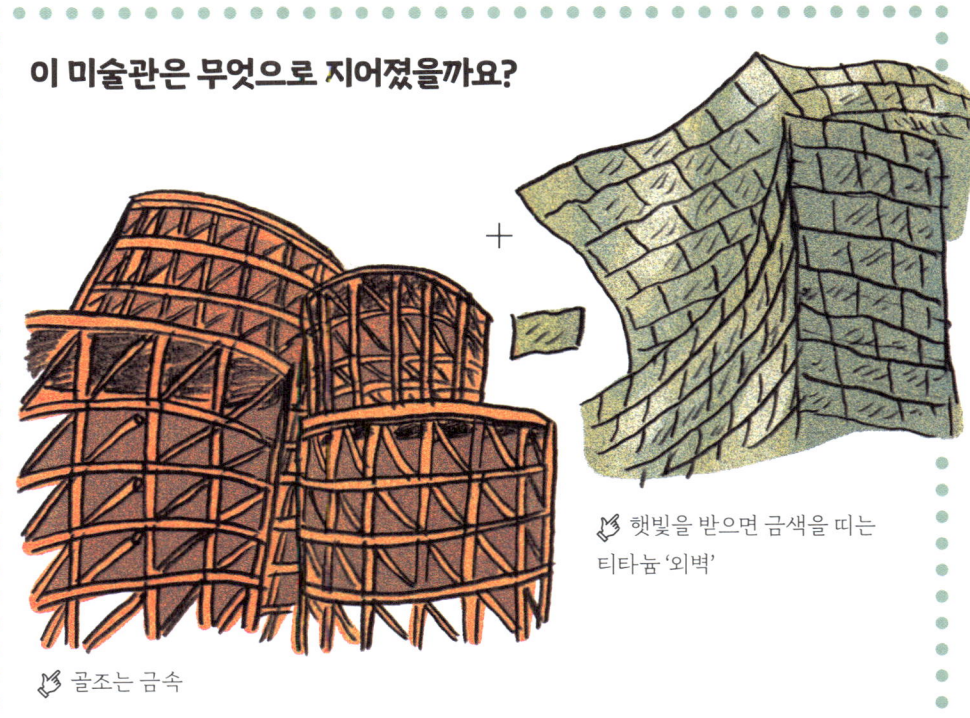

이 미술관은 무엇으로 지어졌을까요?

骨조는 금속

햇빛을 받으면 금색을 띠는 티타늄 '외벽'

프랭크 게리는 누구인가요?
1929년에 태어난 이 건축가는 빌바오 구겐하임 미술관으로 세계적인 스타가 되었어요. 파리의 루이비통재단 미술관도 그의 작품이랍니다.

★ 알아 두세요
'핀초스'는 식전주에 곁들이는 짭짤한 한 입 간식이에요. 바스크 지방의 이 전채 요리는 미술관 내 식당은 물론이고, 빌바오의 모든 바에서 사 먹을 수 있답니다.

미술 애호가 집안
시작은 솔로몬 R. 구겐하임(1861~1949)이었어요. 이 부유한 미국의 기업가는 현대미술 작품을 수집하고 그 작품들을 전시하기 위해 비행접시 형태의 미술관을 세웠는데 그게 바로 뉴욕 구겐하임 미술관이에요.
그의 조카딸 페기 구겐하임(1898~1979)도 이러한 행보를 그대로 밟았지요. 페기는 잭슨 폴록 같은 젊은 예술가들을 후원하고 이탈리아 베네치아에 '자신의' 구겐하임 미술관을 세웠어요. 미술을 참으로 사랑하는 집안이지요!

맨 인 블랙
빌바오 구겐하임 미술관의 경비원들은 검은색 양복에 이어마이크를 착용하고 첩보 요원 같은 분위기를 풍겨요. 그들은 특히 미술관의 대표 소장품인 <매릴린 먼로>를 주시합니다. 미국 여배우 매릴린 먼로의 얼굴을 150회 인쇄한 앤디 워홀의 작품이지요.

미술관의 **마스코트** <퍼피>는 12미터 높이의 강아지 모양 토피어리로 미국의 예술가 제프 쿤스의 작품입니다. 미술관 입구를 지키면서 자기와 사진을 찍고 싶어 하는 방문객들을 맞이하지요. <퍼피>만 전담해서 관리하는 큐레이터가 있을 만큼 이 미술관에서는 중요한 존재예요. 정원사들도 매일 <퍼피>의 미용 상태를 살펴 주고요. 무척 사랑받고 있지요?

<퍼피>의 털가죽은 3만 8,000송이의 꽃으로 이루어져 있어요. 겨울에는 보라색과 파란색 팬지로 꾸며지고 여름에는 붉은색, 분홍색 피튜니아와 베고니아로 꾸며진답니다.

거대한 벌레
빌바오 구겐하임 미술관의 또 다른 스타 작품은 <엄마>라는 제목의 거대한 거미 조각상이에요. 프랑스의 예술가 루이즈 부르주아가 실 잣는 일을 했던 자신의 어머니를 기리기 위해 만든 작품입니다.

> ▶ 관람을 위한 조언
> 리처드 세라의 <시간의 문제>, 1,200톤의 강철로 이루어진 이 미로는 중력의 법칙에 저항하는 것처럼 보입니다. 조심하세요, 둘둘 말려 있거나 위험하게 기울어진 강철판을 따라가다 보면 시간 가는 줄 모르고 놀고 싶어질 테니까요!

미래의 예술가들
아기들이 왜 물감을 가지고 노느냐고요? 빌바오 구겐하임 미술관이 자랑하는 '베이비 아트' 교실입니다. 그리기를 시작하기에 너무 이른 나이는 없지요!

곡예비행
조명 디자이너 아이토르는 산악인처럼 장비를 갖추어야 합니다. 그러지 않고서는 현기증 나리만치 높은 곳에 매달려 있는 미술관의 조명을 설치하고 조작할 수 없거든요.

> 🔍 박물관에서 일하는 사람들: 전시 기획자 루시아
> 빌바오 구겐하임 미술관은 1년에 네 번 새로운 전시를 하는데 루시아는 이러한 전시의 기획 책임을 맡고 있어요. 루시아는 굉장히 다양한 일을 합니다. 자료를 모으고(잘 알려지지 않은 예술가들 발굴하기를 좋아하거든요), 다른 미술관에 작품 대여를 요청하고, 빌바오까지의 운송 계획을 세우고, 카탈로그에 들어갈 글을 쓰고…… 루시아는 고향 빌바오를 떠나지 않고도 이런 일을 할 수 있을 줄은 상상도 못 했다는군요!

암스테르담 국립박물관

호화로운 타임머신

자전거 전용 도로가 지나가는 박물관이 있다고요? 그런 곳은 네덜란드에만 있을 수 있지요. 네덜란드는 크고 동그란 치즈로 유명한데 자전거의 나라로도 유명하거든요. 실제로 네덜란드 인구가 1700만 명인데 자전거는 2300만 대나 있답니다! 암스테르담의 자전거 사용자들은 어디든 누비고 다니지만 국립박물관*의 우아한 붉은 벽돌 건물에까지 자전거를 타고 유유히 들어가는 모습에는 놀라지 않을 수 없어요. 속도를 조금 늦추면 건물 안의 관람객들까지 창문으로 보인대요…….

이 역사적인 박물관을 층층이 메우는 관람객은 매일 수천 명에 달해요. 그들은 특히 <우유 따르는 하녀>를 보러 와요. 그림 속 젊은 하녀는 자기를 보고 감탄하는 사람들 앞에서 전혀 동요하지 않지요. 페르메이르의 이 작품과 그 밖의 온갖 아름답고 세련된 전시물들은 네덜란드가 상업 강국으로 위세를 떨쳤던 17세기 황금시대로 우리를 데려가요. 파도처럼 빠른 네덜란드 상선들은 세계를 누비며 무역을 했고 항구도시 암스테르담은 눈부신 번영을 누렸습니다! 국립박물관에 들어가면 마치 그 옛 시대의 부잣집에 들어가는 기분이 들어요. 당시의 돈 많은 무역상들은 미술 작품, 동양의 양탄자, 악기 등으로 집을 호화롭게 꾸몄거든요. "페일리허 레이스!" 즐거운 여행을 기원하는 네덜란드 인사입니다!

* 네덜란드에서는 암스테르담 국립박물관을 '레이크스뮈쉼'이라고 부르는데 '왕의 박물관'이라는 뜻이에요.

암스테르담 국립박물관은 1885년 지어질 당시에 네덜란드에서 가장 큰 건축물이었어요! 크기만 큰 게 아니라 대성당처럼 스테인드글라스, 모자이크, 둥근 천장을 갖추고 있는 내부도 압도적인 인상을 주었지요. 이 건축물을 설계한 피에르 카위퍼르스는 성당 전문 건축가였기 때문에 직업적인 습관이 작용했을 거예요.

★ **알아 두세요**
네덜란드의 황금시대를 빛내 준 뛰어난 여성 화가들이 있었어요. 가령, 위딧 레이스터르의 작품들은 이 박물관의 자랑거리랍니다.

'메이드 인 네덜란드' 실내장식
전시실들은 8,000여 개 전시물을 시대순으로 보여 주면서 네덜란드의 역사를 따라갑니다. 특히 2층은 네덜란드의 황금시대였던 17세기를 다루고 있지요. 이곳에서 '반드시 보아야 할 것'을 소개합니다.

👉 재능이 빼어났던 화가 프란스 할스가 주문을 받아 그린 부부의 초상

페르메이르는 누구인가요?
작품은 30여 점밖에 남기지 않았어도 페르메이르가 스타가 되기에는 그것만으로 충분했어요! 이 네덜란드 화가의 생애(1632~1675)는 알려진 바가 별로 없지만 우리는 그의 그림들 덕분에 그 시대 사람들의 집 안으로 들어가 그들의 개인적인 생활을 엿보고 그들의 은밀한 생각을 상상할 수 있답니다.

👉 도기 공업으로 유명했던 도시 델프트에서 제작된 피라미드형 튤립 꽃병

👉 부잣집 마님들의 장난감이었던 인형의 집

<야경> 복원 작전

이곳에는 자석처럼 관람객들을 끌어당기는 작품이 있는데, 바로 렘브란트의 <야경>(1642)입니다. 폭이 4.5미터나 되는 이 집단 초상화는 암스테르담의 어느 민병대가 창과 소총을 들고 있는 모습을 보여 주지요. 그런데 그림이 400년이 다 되어 가다 보니 여기저기 낡고 닳은 흔적이 나타났어요. 박물관은 이 대형 작품을 복원 연구실로 옮기지 않고 복원사들이 전시실로 와서 작업을 하도록 했습니다. 그래서 복원사들은 특수 제작된 거대한 유리 벽 안에서 관람객들이 지켜보는 가운데 복원 작업을 했다고 해요.

렘브란트는 누구인가요?

화가이자 판화가였던 렘브란트(1606~1669)는 거의 모든 작업을 암스테르담에서 했고 초상화가로서의 재능과 명암을 대비시키는 자신만의 기법으로 이 도시에서 명성을 얻었어요.

▶ 관람을 위한 조언

지상층의 모형 선박 전시실은 네덜란드 초등학생들이 가장 좋아하는 전시실 중 하나예요. 뱃머리 조각상의 미니어처든 실물 크기의 선박이든 모든 종류의 배가 무척 아름답고 정밀하지요.

♥ 기념으로 삼을 만한 물건

암스테르담 국립박물관 안내대에 요청하면 스케치북과 연필을 무료로 받을 수 있어요. 박물관에서 마음에 드는 그림을 발견했나요? 짠, 하고 스케치북과 연필을 꺼내서 따라 그려 보세요. 스케이트 타는 사람들이 잔뜩 그려진 헨드릭 아베르캄프의 <스케이트 타는 사람들이 있는 겨울 풍경>(1608)을 추천합니다.

'네덜란드의 국화 튤립'

네덜란드가 한 송이 꽃이라면 그 꽃은 틀림없이…… 튤립일 거예요! 네덜란드는 세계 최대 튤립 생산국인데 이러한 전통은 1600년까지 거슬러 올라갑니다. 당시에는 튤립이 아주 희귀해서 부의 상징이었어요. 그래서 국립박물관의 소장품에도 튤립을 형상화한 것이 더러 보이지요. 다채로운 '진짜' 튤립을 보고 싶다면 4월에 암스테르담을 방문해 보세요. 국립박물관 정원에 수백 송이의 튤립이 만발해 있을 거예요.

다른 박물관에 가 있어야 할 작품이 있네……

암스테르담에는 반 고흐 미술관이 따로 있어요. 그렇지만 국립박물관의 근대 회화 컬렉션에서도 반 고흐의 자화상을 볼 수 있답니다.

🔍 박물관에서 일하는 사람들: 안내원 아니카

아니카는 국립박물관을 자기 손바닥 들여다보듯 훤히 알고 관람객들이 이곳의 걸작들을 발견하도록 안내하지요. 아니카가 제일 좋아하는 화가는 누구냐고요? 요하너스 페르메이르랍니다! 페르메이르 특유의 시간이 멈춘 듯한 분위기가 좋대요. 아니카는 여러 외국어를 유창하게 구사할 뿐 아니라 지식을 전달하는 일을 사랑하는 열정꾼이에요!

밀 짚모자를 눌러쓴 샤를로트는 햇볕을 피하는 피서객처럼 보일지도 몰라요. 하지만 허리띠에 독특한 케이스를 차고 있어요. "전지가위를 넣는 주머니예요. 뮈셈의 정원 책임자라면 이 정도는 늘 가지고 다녀야지요!"
'뮈셈'? 2013년 마르세유에서 개관한 유럽지중해문명 박물관을 부르는 약칭이랍니다. 햇빛 찬란한 혼성문화의 도시 마르세유는 지중해와 맞닿아 있지요. 박물관이 문을 연 후로 이곳의 인도교, 옥상 테라스, 전시실에서는 항상 새로운 얼굴들과 자주 볼 수 있는 얼굴들이 어우러집니다. 유럽지중해문명 박물관은 사회의 주요 현상을 자료와 함께 보여 주는 전시를 해요. <우리는 축구다> 같은 전시는 지금도 사람들의 기억에 남아 있지요. 이 전시는 파리에서 마르세유까지, 알제에서 아테네까지 한 지역, 아니 도시 전체가 공 하나로 똘똘 뭉치는 축구라는 스포츠를 다루었어요! 이 박물관은 또한 생장 요새와 같은 높이에서 해 질 녘마다 금빛으로 물드는 정원으로도 유명합니다. "나무가 어쩜 이리 잘 자랄까요! 주민들의 도움으로 여기서 올리브 수확 행사도 했답니다." 샤를로트가 신이 나서 말합니다. 마르세유에 살면서 이곳에 매일 들르는 사람도 꽤 있대요. 그들은 올리브나무 그늘에서 도시락을 먹기도 하고 매미 울음을 배경음 삼아 사방으로 탁 트인 바다 전망을 감상하며 피로를 달래고 원기를 되찾곤 해요. 이 작은 덤불숲 속에 있으면 번잡한 도시가 아주 멀게 느껴지지요…….

유럽지중해문명 박물관은 두 개의 건물로 이루어져 있어요. 하나는 루이 14세 시대에 지어진 역사적 건물 생장 요새예요. 다른 하나는 바다를 마주 보는 초현대식 직육면체이고요. 'J4'라고 불리는 이 건물은 건축가 뤼디 리치오티와 롤랑 카르타가 설계했어요.

뤼디 리치오티는 누구인가요?

1952년 알제에서 태어난 이 프랑스 건축가는 석공인 아버지 덕분에 일찌감치 건축에 눈을 떴어요. 지중해 문명에서 많은 영감을 얻었고 도전적인 기법을 좋아했던 그는 유럽지중해문명 박물관을 디자인함으로써 세계적인 건축가가 되었지요. 우리나라 한강의 선유도도 설계했대요!

박물관의 두 건물은 115미터 길이의 좁은 다리로 연결돼요. 멀리서 보면 이 다리가 허공에 떠 있는 검은 띠처럼 보여요.

콘크리트 레이스

그물로 짠 듯한 외벽은 유럽지중해문명 박물관의 상징이에요. 내구성이 아주 뛰어난 콘크리트로 만들어졌답니다. 산호초를 연상시키는 이 우아한 외벽은 아랍 건축의 격자창처럼 빛을 통과시키기 때문에 유용하기까지 합니다.

밤의 장관

어둠이 내려앉으면 박물관은 조명 예술가 얀 케르살레가 디자인한 터키석 같은 청록빛을 내면서 또 다른 장관을 선사합니다.

놀라운 전시물

아주 오래된 농기구, 마리오네트, 주방용품, 스노볼, 올랭피크드마르세유 클럽 축구공…… 이것들이 유럽지중해문명 박물관에서 볼 수 있는 전시물이에요. '사회 박물관'이기 때문에 사람들의 생활양식에 관심을 갖고, 여가 생활이나 신앙을 보여 줄 수 있는 물건들을 전시합니다.

거리미술

이 박물관은 현대의 도시 문화도 보여 줍니다. 이를테면 그라피티로 뒤덮인 물건이나 스케이트보드도 이곳에서는 전시물이 될 수 있어요.

'유럽지중해문명 박물관행' 버스입니다

박물관에 가는 게 늘 쉬운 일은 아니지요.
멀리 사는 사람들에게는 더욱 그렇고요!
그래서 일요일마다 마르세유 외곽으로 무료 셔틀버스가
다닌답니다. 버스에 탑승하면 박물관의 안내원이
가족 단위 손님들에게 입장권을 나눠 주지요.

★ **알아 두세요**

유럽지중해문명 박물관은 전 세계에서 가장 관람객이
많은 50개 박물관 중 하나예요. 이 박물관은
마르세유의 이미지를 끌어올리고 방문객들이
이 도시의 아름다움을 발견하게 해 주었어요.
무엇보다 마르세유 시민들의 자랑거리가 되었지요.
실제로 관람객의 30퍼센트는 이 지역 주민이랍니다.

▶ **관람을 위한 조언**

마르세유 벨드메 구역에 위치한 박물관
창고에는 방대한 소장품이 보관되어 있어요.
대중을 위해 특별히 마련해 놓은
체험 공간도 있지요.
대형 크리스마스 구유에서부터
빵 반죽으로 만든 인형까지
예상 밖의 소장품들이 가득합니다.

톱 셰프!

박물관의 텃밭은 지중해 채소들로 이루어진
서사시 같아요. 토마토, 호박, 파프리카, 가지……
먹음직스러운 채소 스튜 한 냄비가 뚝딱 나올 거예요.
매일 아침, 정원사들은 신선한 채소를 따서 박물관 내
식당의 수석 요리사이자 요리 교실 진행자인 제랄드
파세다에게 전달합니다.

🔍 **박물관에서 일하는 사람들: 소장품 촬영 작가 마리안**

마리안은 검은 바닥과 벽으로 된 스튜디오에서 프로방스 특산품인 채색 인형부터 회전목마에 이르기까지
다채로운 박물관 소장품을 끈기 있게 촬영합니다. 마리안은 그 물건들을 찬찬히 관찰하고 거기에 얽힌 이야기를
발견하기 좋아하지요. 마리안의 도전 과제요? 움직이지 않는 사물을 조명을 활용해 마치 살아 있는 것처럼
표현하는 거예요. "빛의 유희는 아주 평범한 사물도 완전히 달라 보이게 해요. 마법 같은 순간이지요!"
마리안은 말합니다.

파리의 루브르 박물관

국경 없는 예술사 여행

루브르의 아침은 으레 이렇게 시작해요. 도린은 루브르의 비밀 벽장으로 미술 도구를 가지러 가요. 캔버스, 이젤, 간이 의자를 챙겨 와서 '자신의' 이탈리아 성모화 앞에 자리를 잡지요. 이어서 가방에서 물감 상자와 걸레와 붓을 꺼내요. 이제 작업에 들어갈 준비는 끝났네요! "과거의 대가들처럼 유화물감을 아주 얇게 여러 겹 칠해야 하죠." 도린은 이 특별한 장소에서 자신의 실력을 갈고닦을 수 있어 무척 행복하대요. 도린의 장래 희망은 미술품 복원사가 되는 거예요. 다른 전시실에서는 텐수가 프랑스의 이름난 화가 장오노레 프라고나르의 <빗장> 앞에서 작업 준비를 해요.

중국에서 서양 회화를 공부하러 프랑스까지 온 텐수에게 루브르는 '세계 최고의 학교'예요. 이 중국 유학생도 도린처럼 운 좋게 몇 달간 루브르에서 작품 모사를 해도 좋다는 허락을 받았습니다. 원작 화가의 기법에 충실하게 모사하되 서명까지 흉내 내선 안 된다는 조건이 붙었지만요! 이렇게 그림을 그리는 학생들 주위로 관람객이 하나둘 모여들기 시작해요. 어떤 사람은 나중에 다시 와서 학생들의 작업이 얼마나 진척됐는지 보기도 한답니다. 피라미드 아래에서 오래된 그림과 다이아몬드 왕관 같은 놀라운 볼거리들을 둘러보고 올 수도 있겠지요? <사모트라케의 니케>와 <모나리자>도 이곳에서 빼놓지 말고 보아야 할 작품이지요.

루브르는 1200년경 처음 지어질 때는 프랑스 왕들의 요새였어요. 오늘날에는 해자의 아주 일부밖에 남아 있지 않지만요. 지금은 (물이 차 있지 않은) 그 자리를 건너서 이집트관으로 갈 수 있답니다.

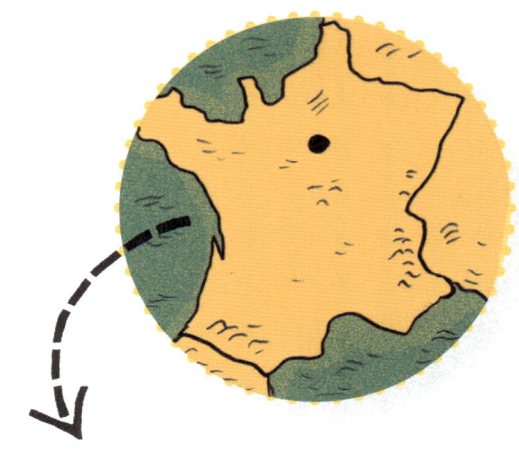

I. M. 페이는 누구인가요?
중국에서 태어나 미국에서 활동한 건축가(1917~2019)로, 간결하고 기하학적인 건축물을 많이 지었어요. 673장의 유리 패널로 만든 루브르의 피라미드가 바로 그의 작품이에요.

장기 공사 현장
루브르는 800년 동안 끊임없이 변했어요. 오랫동안 왕궁으로 쓰이다가 프랑스 대혁명이 일어난 1793년부터 만인에게 개방된 박물관이 되었지요. 오랜 세월에 걸쳐 많은 건축가가 파문을 불러일으킬 것을 각오하고 루브르를 확장하고 새롭게 꾸몄어요! 특히 1989년에 I. M. 페이가 설계한 피라미드는 혹독한 비판에 부딪혔지요. 하지만 이후 이 피라미드는 루브르의 상징으로 자리 잡았습니다.

루브르의 3대 슈퍼스타

〈모나리자〉(일명 '라 조콘다'), 레오나르도 다빈치가 그린 이탈리아 미녀의 초상 (이탈리아, 1503년경)

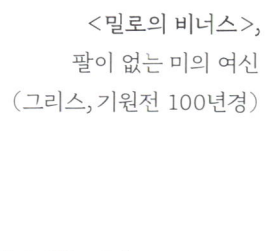

〈앉아 있는 서기〉
(이집트, 기원전 2500년경)

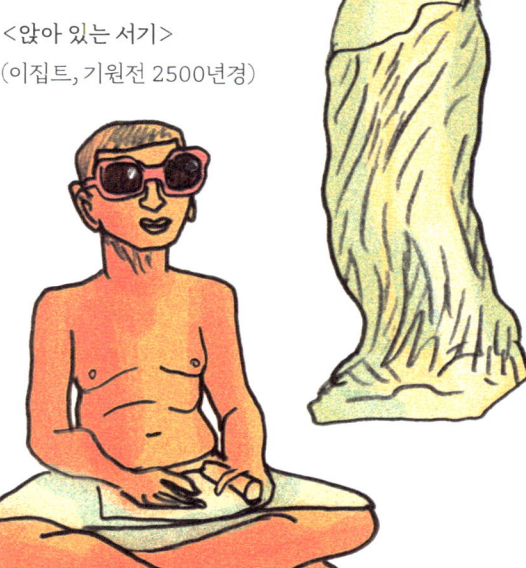

〈밀로의 비너스〉,
팔이 없는 미의 여신
(그리스, 기원전 100년경)

★ **알아 두세요**
베르사유궁의 눈부신 화려함을 맛보고 싶다면 루브르의 아폴론 갤러리에 가 보세요. 젊은 루이 14세가 주문한 대로 꾸며진 이 호화로운 방은 베르사유궁 '거울의 회랑'의 모델이 되었답니다.

그림에 관해 말하자면 이탈리아, 네덜란드, 스페인…… 온 유럽의 그림이 여기 있습니다. 프랑스 그림은 말할 것도 없고요! 전시실들을 따라가다 보면 중세부터 19세기까지의 프랑스 회화사가 펼쳐집니다. 그중에서도 외젠 들라크루아의 <민중을 이끄는 자유의 여신>(1830)은 자유와 평등을 위해 싸웠던 프랑스의 혁명 정신을 구현한 작품이니까 반드시 봐야겠지요?

비욘세와 제이지의 스텝을 따라

<에이프싯(Apeshit)> 뮤직비디오에서 이 스타 커플은 <모나리자> <사모트라케의 니케>, 그 밖에도 루브르의 여러 작품 앞에서 춤을 춥니다. 박물관에서 팬들은 이 뮤직비디오를 위해 고심해서 선정한 17개 지점을 찾아볼 수 있어요.

비욘세와 제이지가 선택한 그림들 가운데 <마들렌>(1800)이 있습니다. 드물게 역사에 남은, 흑인 여성의 초상화이지요. 이 그림을 그린 사람 역시 여성으로, 마리기유민 브누아라는 프랑스인이에요.

XXL(투엑스라지) 이집트관

이곳에는 6,000여 점의 전시물이 있어요. 이 컬렉션을 보고서 이집트학에 소명을 품게 된 이들이 얼마나 많았을까요. 압권은 내부 장식을 볼 수 있도록 열린 채로 전시된 석관들을 모아 놓은 방이에요. 관 속의 아늑한 침상에 누운 고인들의 미라는 아마도 저세상에서 여행을 마치고 쉬고 있겠지요.

▶ 관람을 위한 조언

수사(현재의 이란)의 다리우스 1세 궁전 유적을 찾아보세요. 벽에는 병사들이 가득합니다. 도자기로 만들어진 병사들이 말이에요……. 활과 화살통을 둘러멘 이 궁수들은 페르시아 왕궁을 상징적으로 지키고 있는 거예요.

에콜 뒤 루브르

루브르 구역 내에는 140년 전통의 예술사 학교가 있습니다. 한때 지체 높은 가문의 여성이 교양을 쌓기 위해 많이 다녔던 이 고등교육기관은 이제 전 세계에서 다양한 배경과 다양한 국적을 가진 학생들을 불러 모으고 있어요. 이 학교의 이점이 뭐냐고요? 마당의 한쪽 면이 파리의 여러 미술관 통해 있어서 언제라도 최고의 작품들을 직접 접할 수 있다는 것이지요.

♥ 기념으로 삼을 만한 물건

8세 이상으로 전시실에서 그림을 그리거나 글을 쓰고 싶어 하는 관람객은 누구나 '여행 수첩'을 받을 수 있습니다. 매주 일요일과 방학 기간에는 예약자에 한해 참여할 수 있는 무료 체험 활동도 있고요.

모나코 해양 박물관
해저 2만 리를 훑쳐 보이는 궁전

모나코 해양 박물관은 삿갓조개처럼 바위에 딱 붙어 있습니다. 가파른 절벽에 수직으로 우뚝한 궁전을 이토록 멋지게 지어 올리기까지는 12년이란 시간이 필요했지요. 항해를 사랑한 모나코 국왕 알베르 1세는 100년도 더 전에 해양 박물관을 건립했습니다. 세계에서 가장 오래된 아쿠아리움을 자랑하는 모나코 해양 박물관에는 생각지도 못한 공간들이 갖춰져 있어요. 마치 해양 생물들의 종합병원 같다고 할까요! 2019년 마련된 이 센터에서, 모나코 해안 근처에서 아픈 상태로 발견된 거북들이 치료를 받고 있어요. 어떤 거북은 우연히 어망에 걸려었고 또 어떤 거북은 선박과 부딪쳐 다쳤습니다……. 하지만 여기서 그들을 항상 지켜보고 성심성의껏 돌봐 주는 전문가들 덕분에 모두 건강을 되찾았어요.

거북들은 기력을 회복한 후 야외 수조로 옮겨져 재활을 마무리합니다. 박물관 관람객들은 이 거북들을 구경하면서 신기해하지요. 완전히 건강해진 거북들은 바다로 돌아갑니다. 해양 생물을 치료하고 돌보는 일을 하고 있는 올리비에는 라나와 작별하던 날을 영원히 잊지 못할 테지요. 모나코 항에 떠내려온 새끼 거북 라나는 태어난 지 얼마 안 되어 겨우 사람 손바닥만 한 크기였대요. 4년간 해양 박물관에서 생활하고 몸무게가 23킬로그램이 되어서야 라나는 야생으로 돌아가 자유를 되찾을 수 있었어요!

모나코 해양 박물관은 1910년에 모나코 국왕 알베르 1세의 주도로 설립되었어요. 알베르 1세는 해양 연구자로서의 발견과 풍부한 해저 생태계를 대중에게 보여 주고 싶어 했거든요. 박물관이 지어지기까지는 대대적인 공사가 필요했어요! 바다에서 이렇게 가까이, 불과 85미터 위에 건물을 세운다는 것은 건축학적으로 매우 대담한 시도였지요.

모나코의 알베르 1세는 누구인가요?

뱃사람의 발을 가진 왕족 알베르 1세(1848~1922)는 평생을 해양 연구에 바쳤습니다. 범선에 연구실을 갖추고 스물여덟 번이나 해양 탐사 여행을 하면서 해양생물학이라는 새로운 학문 분과의 설립에 이바지했지요. 그의 손자의 손자인 알베르 2세도 해양생물학에 관심을 두고 이 분야의 발전을 위해 싸우고 있습니다.

해파리 샹들리에

박물관 입구의 창살문에서부터 전등이며 모자이크 바닥까지 촉수 문양이 넘쳐 납니다. 보기만 해도 신기한 해파리 샹들리에는 독일의 생물학자 에른스트 헤켈(1834~1919)의 그림을 모델로 삼아 만들어진 것이라고 해요. 쥘 베른의 『해저 2만 리』 배경으로 안성맞춤이지 않나요?

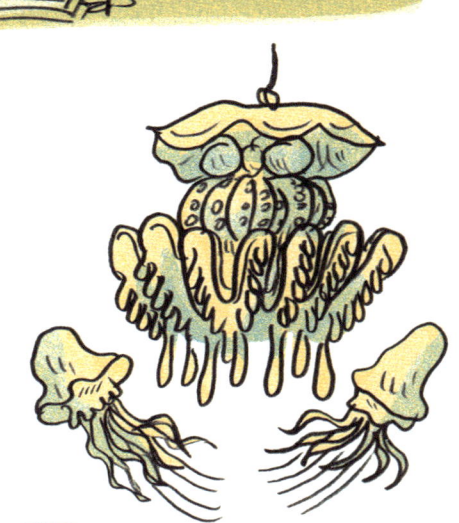

아쿠아리움

지하 2층은 해양 생물들이 사는 곳이에요. 문어가 다리를 뻗고 해파리는 촉수를 넓게 펼칩니다. 이곳의 90개 수조 안에서는 해마, 상어, 피라냐, 열대 산호 등이 더불어 산답니다.

🐟 아쿠아리움에서 가장 오래된 주민은 1968년에 앙티브 먼바다에서 포획된 곰치입니다. 이 곰치는 단독으로 수조를 쓰며 최연장자 대우를 톡톡히 받고 있지요.

★ 알아 두세요

1년간 두툽상어, 해마, 금붕어의 후원자가 되어 해양 박물관의 활동과 해양 환경 보호에 힘을 보탤 수 있어요.

거대한 고래 뼈

바다 냄새가 나는 그림, 이국적인 조개, 해양학에 쓰이는
도구들…… 해양 세계와 관련된 수천 점의 전시물을 통해 박물관은
예술과 과학이 한데 어우러진 세계로 관람객들을 데려갑니다.
이 박물관의 자랑거리 하나는 관람객의 머리 위에 떠 있는 거대한
고래 뼈랍니다. 무게가 3톤이나 된다는군요.

▶ 관람을 위한 조언

2층에 전시된 작품 〈오세오마니아〉는
미국의 설치미술가 마크 디온이 박물관의
역사적 소장품 가운데 희귀하거나
희한한 것들을 골라서 바닥부터 천장까지
늘어놓은 것입니다.
박제된 북극곰, 물고기 화석, 선박 미니어처,
특이한 잠수복 등을 볼 수 있지요.
결과적으로 말하자면, 바다와 관련된 신기한
물건들을 모아 놓은 방 중에서 이보다
더 크고 훌륭한 방은 없을걸요!

탁아소에 잘 오셨습니다

아쿠아리움에는 비공개 지하 수조가 100개나 있답니다. 그중에는 압핀
머리만큼 자그마한 아기 해마나 금붕어와 청줄돔 새끼들이 전문 기술을 지닌
아쿠아리스트들의 보살핌을 받으면서 자라는 '탁아소' 수조도 있지요.

클링게르트 잠수복

세계 최초의 잠수복은 굉장히 실험적이었어요! 독일의
공학자 카를 하인리히 클링게르트는 1797년 자신이
발명한 이 잠수복을 입고 수면에서 12미터 깊이로
내려가 몇 분간 숨을 쉴 수 있었지요.

쿠스토 선장

그의 빨간 모자는 하나의 상징이 되었지요. 스쿠버 장비와 잠수정의
발명자 자크이브 쿠스토 선장은 1957년부터 1988년까지 30여 년간
모나코 해양 박물관 관장을 지냈어요. 쿠스토 선장은 텔레비전과 극장을
위한 다큐멘터리 영화를 제작해 수백만 어린이에게 바다 밑 세계를 보여
주기도 했습니다.

상트페테르부르크의 예르미타시 박물관

차르, 고양이, 예술품의 집

'**고**양이 조심!'

러시아에서 가장 큰 박물관 경계에 이런 팻말들이 붙어 있다니 놀랍지 않나요? 하지만 상트페테르부르크 시민들은 조금도 신경 쓰지 않아요. 그들은 이 박물관이 고양이 천국이라는 사실을 잘 아니까요! 루시카, 마브리크, 샤를롯카…… 저마다 근사한 이름의 고양이 60여 마리가 예르미타시의 지하에 살아요. 푹신한 고양이 바구니, 맛있는 간식, 고양이 돌봄 센터까지 고양이들을 극진히 대접하는 데 필요한 모든 게 여기 갖춰져 있답니다. 그런데 고양이들이 예르미타시에 살기 시작한 것은 어제오늘 일이 아니에요. 예르미타시가 러시아 황제 '차르'의 별궁이었던 18세기부터 그랬으니까요. 당시 고양이들에겐 별궁의 식량이나 황실 소장품(거장의 미술품, 보석 세공품, 옛날 화폐 등)을 갉아 먹는 쥐들을 쫓아야 한다는 중요한 임무가 있었어요. 이제 고양이들은 이곳에 살지 않고 인간만 드나들 수 있지만 그래도 여전히 귀여움을 받고 있답니다. 게다가 점점 더 인기가 높아져서 이 박물관에 작품이 소장된 것으로 잘 알려진 레오나르도 다빈치, 앙리 마티스, 파블로 피카소에게도 지지 않을 만큼 사랑을 받지요. 고양이 그림이 들어간 상트페테르부르크 기념품은 날개 돋친 듯 팔려 나가고 예르미타시 박물관은 해마다 봄이 오면 이틀에 걸쳐 고양이 축제를 열어요. 고양이들이 기분 좋게 가르랑거릴 만하지요…….

예르미타시는 12월이 오면 온통 눈발이 날리는 풍경이 크리스마스 동화에서 튀어나온 것 같아요……. 예르미타시란 이름은 서로 이어져 있는 다섯 개 건물을 총칭하지요. 가장 큰 건물이 차르의 별궁으로 쓰였던 '겨울궁전'이에요. 상트페테르부르크를 가로지르는 네바강 기슭에 웅장하게 서 있는 바로 그 궁전이랍니다.

여러분, 힘내세요! 러시아의 겨울은 (영하 35도까지 내려가기도 하는) 혹독한 추위로 유명해요. 그래서 인부들이 수시로 겨울궁전 지붕에 올라가 176개의 조각상이 서 있는 난간에서 아슬아슬 균형을 잡으면서 눈을 치워야 한답니다.

계단을 오르다
요르단 계단(1762)이 잘 보여 주듯이 겨울궁전은 러시아 황실의 영화를 간직하고 있습니다. 18세기에도 이 계단은 유럽 외교 사절들을 사로잡았어요. 지금은 박물관 관람객들이 금빛 천장화와 반짝이는 샹들리에에 온통 시선을 빼앗기지요!

박물관의 총아들
뒤러, 카라바조, 고갱, 모네, 세잔……. 예르미타시는 세계에서 가장 많은 회화 작품을 소장한 박물관이에요(1만 6,000여 점). 그중에서도 특히 작품이 많은 예술가를 꼽아 보자면요.

★ **알아 두세요**
이 러시아 박물관은 규모가 워낙 크기 때문에 직원들이 사무실로 들어가는 데만 도보로 20분이 걸리곤 해요. 오죽하면 이런 우스갯소리가 있겠어요. "예르미타시에는 두 종류의 사람밖에 없다, 이곳에서 일하는 사람과 입구를 못 찾아서 헤매는 사람!"

1. 마티스(36점)
2. 피카소(31점)
3. 렘브란트(23점)

눈 튀어나오게 값비싼 달걀
러시아 차르들은 다이아몬드와 진주가 박힌 부활절 달걀들을 아주 귀히 여겼습니다. 러시아의 보석 세공사 파베르제가 이 달걀들을 제작했지요.

예카테리나 2세의 충동구매

18세기 말에 예르미타시는 보물로 가득했어요. 유럽의 군주들과 어깨를 나란히 하고 싶었던 러시아의 차르 예카테리나 2세는 예술품을 엄청나게 사들이고는 이렇게 고백했지요. "내가 이러는 것은 예술 때문이 아니라 허기 때문이다. 나는 게걸스러운 여자다." 오늘날 이 '러시아의 루브르'는 고대의 조각상에서부터 현대미술 작품은 물론이고 갑옷, 보석, 화폐까지 6만여 점의 예술품을 선보이고 있습니다. 관람객이 무엇을 먼저 보아야 할지 모를 정도이지요.

볼테르의 좌상

예카테리나 2세와 친했던 프랑스 철학자 볼테르의 모습을 새긴 조각상이에요. 예카테리나 2세는 1781년에 프랑스의 조각가 장앙투안 우동에게 이 조각상을 의뢰했지요. 조각가는 대리석을 깎고 다듬어 계몽주의 사상가 볼테르의 장난기 어린 눈길을 표현해 냈답니다.

예카테리나 2세는 누구인가요?

'예카테리나 대제'란 별칭으로 통하는 이 위대한 여인은 러시아 제국을 30년 넘게 (1762~1796) 다스렸습니다. 강력한 권위를 지닌 군주이자 교양이 뛰어난 사람이었지요. 프랑스 문화를 사랑했고 새로운 사상에도 열려 있었던 예카테리나 2세는 문맹을 퇴치하기 위해 러시아 전역에 학교를 많이 세웠어요.

<가슴을 드러낸 모나리자>

예르미타시 박물관은 레오나르도 다빈치의 그림을 두 점이나 소장하고 있다는 자부심을 갖고 있어요. 하지만 이 모나리자 누드화는 다빈치의 제자가 그린 것입니다.

▶ 관람을 위한 조언

이 금빛의 공작새 시계는 250년이나 된 물건이지만 여전히 작동하고 있어요. 큐레이터가 시계 장치의 태엽을 돌리면 올빼미가 빙그르르 돌고 공작새는 꽁지를 부채처럼 펼치고 닭은 우렁차게 꼬끼오 울음을 울지요!

🔍 박물관에서 일하는 사람들: 자원봉사팀장 미하일

이 팀에는 예르미타시 박물관에서 연수를 받기 위해 세계 각국에서 찾아온 자원봉사자들이 모여 있습니다. 이들은 관람객을 맞이하고 안내하는 일이나 전시물 설치를 도와요. 20년 전에 미하일은 청년들이 박물관 운영에 참여하면서 신선한 아이디어와 에너지를 보태게 하려고 이 팀을 만들었습니다. 현재 예르미타시 박물관 자원봉사팀은 좋은 성과를 내고 있답니다!

징산 공원에 해가 떠오릅니다. 꼭두새벽인데도 관광객들은 벌써 이 초록의 산을 오르기 시작했어요.
정상에서 내려다보는 자금성 풍경은 숨이 멎을 듯한 장관입니다! 지붕들이 끝없이 이어지는 것 같아요. 베이징 중심부에서 이런 풍경이라니 무슨 신기루 같네요. 노란 기와지붕을 얹은 목재 건물들은 한때 궁궐이었지만 지금은 보물들을 전시하는 박물관으로 쓰이고 있어요. 베이징 사람들은 이곳을 중국어로 '구공', 즉 '고궁(옛날 궁궐)'이라고 부르지요. 20세기 초만 해도 자금성이 함락 불가능한 요새였다는 게 상상이 가나요? 해자로 둘러싸인 데다가 출입을 철저히 통제했고, 낯선 이가 잠입했다가 발각되면 사형에 처해졌기 때문에 성안에 사는 황제와 재상, 가신, 하인들은 안전했어요. 하지만 시대가 변했습니다. 이제 경비병이 사라진 자리를 관광객이, 제국의 관리가 사라진 자리를 박물관 큐레이터가 대신하고 있어요. 압도적인 규모의 건축물, 풍부하기 그지없는 소장품(수십만 점의 도기, 귀한 옷감, 그림, 고가구 등)은 해마다 수백만 명을 제국의 궁궐 한복판으로 불러들입니다.

고궁박물관은 1406년에서 1420년 사이에 지어졌습니다. 3킬로미터가 넘는 성벽으로 둘러싸여 있고 그 안에 구역, 거리, 궁궐들이 자리 잡고 있었어요. 강희제를 비롯하여 24명이나 되는 중국 황제가 이곳에 살았지요. 1925년 이후로 궁궐은 박물관이 되어 중국의 미술품과 공예품을 전시하고 있답니다.

강희제는 누구인가요?

청나라의 황제였던 강희제는 61년 동안 (1661~1722) 중국을 다스렸어요. 학식이 뛰어나고 예술, 문학, 과학을 사랑하는 군주였지요. 강희제의 치세는 동시대에 프랑스를 다스린 루이 14세의 치세와 비교되곤 합니다.

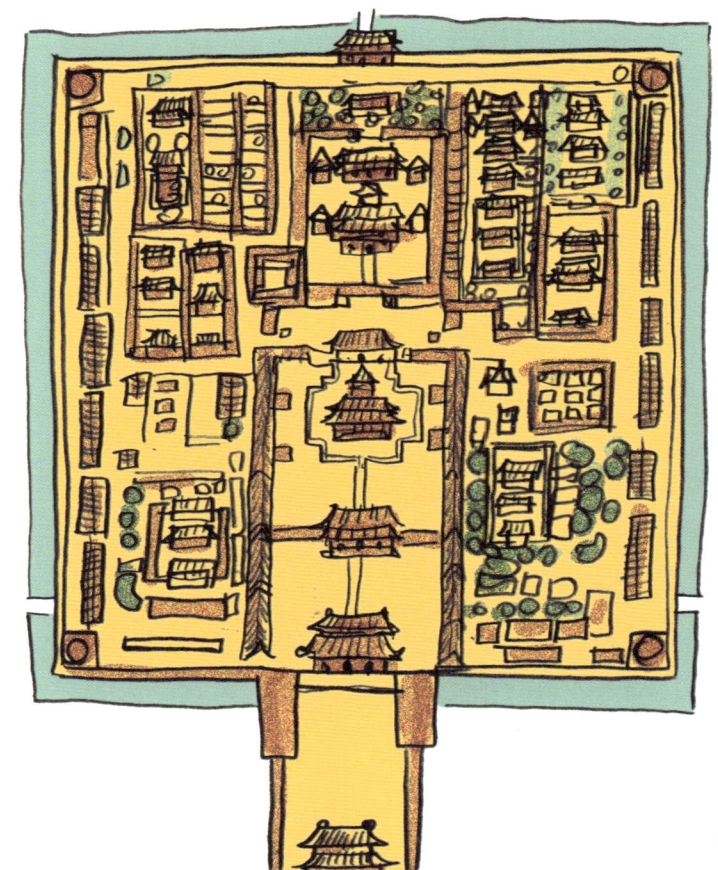

앞으로!

이 거대한 성안에서 걸어 다니려면 튼튼하고 편한 신발은 필수입니다. 고궁박물원 직원들은 너무 힘들지 않으면서 빠르게 이동하기 위해 자전거를 애용하지요!

★ 알아 두세요

현장에서 일하는 사람만 1,500여 명이에요. 큐레이터들은 주기적으로 보수공사가 필요한 건물을 하나하나 살피고 소장품을 꼼꼼하게 관리하지요. 2018년에는 손상된 전시물을 복원하는 초현대식 '문화재 병원'이 지어졌답니다.

국보

1,000여 년 전에 화가 장택단은 5.28미터 길이의 비단 두루마리에 유유히 흐르는 강, 농민과 상인이 북적대는 강변의 풍경을 담아냈지요……. 중세의 중국에 대해서 많은 것을 알려 주는 그림입니다. 너무 오래된 나머지 손상되기 쉬워서 대중에게 자주 내보이지는 않아요. 2015년에 베이징 시민들은 이 그림을 보려고 몇 시간씩 줄을 서서 기다리기도 했대요!

태화전

이 궁궐의 호화로움은 비할 데가 없고 높이가 35미터나 되니 크기로도 비할 데가 없지요. 태화전은 황제가 지내는 곳이자 황제의 즉위식이나 결혼식 같은 중요한 행사를 거행하는 곳이었어요. 사극 영화를 촬영하기에는 이상적인 장소겠지요? 자금성에서 찍은 최초의 영화는 이탈리아 감독 베르나르도 베르톨루치의 <마지막 황제>(1987)예요. 이 영화는 어린 나이에 즉위한 청나라의 마지막 군주 푸이의 기구한 운명을 담고 있어요.

푸이는 누구인가요?

1906년에 태어난 푸이는 겨우 세 살 나이에 황제가 되어 역사의 소용돌이에 휘말렸어요. 1911년에 중국 백성들이 공화국 설립을 요구하며 들고일어나자 황위에서 물러납니다. 푸이는 그 후 제정을 되살리기 위해 노력했지만 성공을 거두지 못했지요.

▶ 관람을 위한 조언

자금성의 남북을 연결하는 중심축에서 벗어나 보세요! 이 직선 축에서 벗어나면 조용하고 한적한 또 다른 성을 보게 될 거예요. 북서쪽 구역에서 아홉 마리의 용이 있는 구룡벽을 찾아보세요. 도자기 타일 벽에 서로 다른 여러 용들이 부조로 장식되어 있어요.

✍ 중국 황제들은 '천자', 즉 하늘의 아들로 여겨졌고 용은 황제를 상징하는 상상의 동물이었어요. 그래서 고궁박물원 곳곳에서, 벽과 대들보와 기와에 그려 넣거나 새겨 넣은 용을 볼 수 있지요. 비늘에 뒤덮인 용의 굽이치는 몸뚱이는 도자기 작품이나 황제의 의복에 수놓은 문양으로도 만날 수 있답니다.

화재 예방 훈련

이곳은 거의 대부분이 목조 건물이기 때문에 화재에 특히 취약해요. 자금성에는 5,000개의 소화기가 비치되어 있고 밤낮으로 소방대가 주의를 기울이고 있습니다.

신혼부부 만세!

자금성의 성벽과 해자는 결혼사진 촬영 장소로 매우 인기가 좋아요. 중국에서는 붉은색이 복과 길운을 상징하기 때문에 신부가 붉은색 옷을 입는답니다.

알제 국립미술관
지중해의 두 해안을 연결하는 다리

19세기에 마그레브*는 여러 유럽 화가에게 각별한 곳이었어요. 그런데 당시에는 비행기만 타면 바로 갈 수 있는 지역이 아니었지요. 예술가들은 짧게는 몇 주, 길게는 몇 달씩 배를 타고 건너가 다시 말이나 단봉낙타를 타고 여행을 해야만 했대요. 파리의 화가 들라크루아는 처음으로 이런 모험을 했던 사람 중 하나였어요. 그는 이 여행에서 수백 장의 데생을 얻었고 평생 영감의 원천으로 삼았습니다. 그 후에도 서양의 여러 화가가 이 지역을 찾아와 사막, 백색의 도시, 섬세한 이슬람 미술품에 매혹되었어요…….

* '마그레브'는 리비아, 튀니지, 알제리, 모로코 등을 포함하는 북아프리카 일대를 가리키는 말이에요.

오늘날 그 화가들의 그림 일부를 알제 국립미술관에서 볼 수 있어요. 아프리카에서 가장 소장 작품이 많은 미술관 중 하나거든요. 알제 국립미술관에는 또한 모하메드 라심을 비롯한 아랍의 뛰어난 예술가들의 작품도 소장되어 있지요. 1896년 알제에서 태어난 라심은 빼어난 재능의 세밀화였어요. 그의 손을 거치면 평범한 종이 한 장이 『천일야화』를 방불케 하는 신기하고 섬세한 이미지로 거듭났지요. 라심의 그림은 우리를 사람들이 복작대는 알제의 골목들이나, 저녁노을 속에서 여자들이 박하차를 끓이면서 수다를 떠는 카스바의 옥상 테라스로 데려가 줍니다.

알제 국립미술관의 기하학적 건물과 단순한 흰색 외벽은 1931년 개관할 때만 해도 현대성의 극치로 보였어요. 이 건축물은 당시 유럽에서 각광받고 있던 아르 데코 양식에 영감을 얻었습니다. 아름다운 알제만이 내려다보이는 전망대는 이 미술관의 또 다른 이점이지요.

인상을 깊이 심기 위해서는 인상파의 작품을

프랑스 식민지 시대에 지어진 이 미술관은 초기에 유럽 화가들의 그림을 많이 사들였어요. 초대 관장은 르네상스에서부터 이어지는 서양 회화의 변천사를 보여 주고 싶었다고 해요. 그렇다고 현대미술을 잊어버린 것은 아니에요. 클로드 모네, 카미유 피사로, 폴 고갱의 그림도 알제까지 여행을 했답니다.

알제리 예술 만세!

1962년부터 새로운 시대가 열렸습니다. 알제리가 프랑스와 8년간의 전쟁 끝에 독립을 쟁취하고 자국의 문화적 정체성을 확립하기 시작했거든요. 알제 국립미술관은 젊은 아랍인 예술가들에게 관심을 두었어요. 경쾌한 화풍과 알록달록한 색감으로 알려진 화가 바야도 그중 한 명이었지요.

바야는 누구인가요?

바야(1931~1998)는 알제 근방에서 나고 자랐습니다. 아주 어릴 때 부모님을 여읜 바야는 할머니 손에 키워지다가 어느 부유한 프랑스인 부부의 집안일을 돕게 되었어요. 어느 날 그 부부가 바야의 재능을 발견하고 그림을 계속 그리도록 도와주었대요. 그러다 파리의 어느 화상이 작품을 보러 왔고 바야는 불과 열여섯 살에 스타 예술가가 되었지요. 바야의 작품 세계는 알제리의 동화와 민속예술에 많은 영감을 받았답니다.

여행하는 화가들

사막 한복판에서
1883년에 파리의 화가 에티엔 디네는 모험을 떠나 알제리 남부 지역까지 내려갔다가 그곳에 매혹되었습니다. 그의 작품은 알제리 도시민들과 유목민들의 일상을 소재로 삼았어요. 알제리와 알제리 사람들에게 마음 깊이 애정을 품었던 에티엔 디네는 결국 생애 말년에 이슬람교로 개종하고 '나스레딘 디네'라는 새 이름을 얻었지요.

개척자
외젠 들라크루아는 처음으로 북아프리카를 여행한 예술가 중 한 사람입니다. 그는 1832년에 이 지역을 여행하면서 전통 축제, 아랍의 명마, 위풍당당한 기수들, 눈부신 색감의 복식을 맞닥뜨리고 경이로워했지요. 그러고는 자기가 본 것을 서둘러 화첩에 크로키로 남겼습니다. 서양 예술이 꿈꾸었던 동양은 머지않아 '오리엔탈리즘'이라는 이름을 얻었어요.

알제에 반하다
20세기에 알베르 마르케라는 또 다른 예술가가 '마음은 알제리 사람'으로 살기를 결심했습니다. 백색의 도시 알제와 그곳의 항구, 그리고 알제 여인 마르셀과 사랑에 빠졌거든요. 마르케와 마르셀은 1923년에 결혼했어요! 알제리는 그에게 제2의 조국이 되었고 수많은 작품의 영감을 불어넣어 주었지요.

★ 알아 두세요
알제 국립미술관 앞에는 초록 풀밭이 양탄자처럼 깔려 있고 플라타너스, 종려나무, 왕대가 자랍니다. 북아프리카에서 가장 아름다운 정원의 하나인 알제리 함마 공원 안에 미술관이 자리 잡고 있거든요. 여기서 타잔은 나무 넝쿨을 붙잡고 몸을 앞뒤로 흔들면서 그 유명한 "아아아" 소리를 외쳤겠지요. 1932년에 영화 <타잔>을 찍을 때 쓰인 고무나무를 아직도 볼 수 있답니다.

▶ 관람을 위한 조언
앙투안 부르델이 제작한 조각상 <활 쏘는 헤라클레스>(1909) 앞에서 잠시 쉬어 가면 어떨까요. 이 프랑스 조각가는 화살이나 화살통 같은 부수적인 디테일을 제거하고, 시위를 힘껏 당기기 위해 바위를 지지대 삼는 그리스 영웅 헤라클레스의 역동적인 자세에 시선을 집중시켰어요.

어린이를 위한 세밀화 교실
알제 국립미술관은 어린이를 위한 다양한 활동을 제안합니다. 이슬람 아랍 문화권에서는 세밀화가 특히 인기가 있는데 어린이들은 이 미술관에서 아주 가는 붓으로 세밀화 그리는 법을 배울 수 있어요.

멕시코시티의 프리다 칼로 박물관

프리다 칼로의 개성 넘치는 안식처

집은 눈썹 때문에 더 두드러져 보이는 솔직하고 뜨거운 눈빛, 땋아서 틀어 올리고 꽃 한 송이를 꽂은 갈색 머리, 그리고 얼굴은 이제 별의별 상품에 다 들어가 있지요. 가방, 다이어리, 매니큐어…… 심지어 '프리다' 바비 인형까지 나왔습니다! 혁명가이자 페미니스트였던 프리다 칼로가 만약 이 사실을 안다면 과연 좋아하려나요? 그것은 알 수 없는 일이지요……. 확실한 건, 프리다 칼로가 세계적인 스타, 팝 가수만큼이나 유명한 존재가 되었다는 거예요. 하지만 정말로 어떤 사람이었을까요? 프리다 칼로에 대해 알아낼 수 있는 특별한 장소, 정감 가는 작품들이 있는 '파란집**'을 소개합니다. 멕시코 사람들에게는 이미 매우 친숙한 곳이지요.

프리다 칼로는 이 집에서 어린 시절을 보냈고 화가로서 자리를 잡고 난 후 이곳에 작업실을 차렸습니다. 프리다는 이 안심되는 공간에서 자신의 그림에 영감을 주는 멕시코 물건들을 하나둘 수집했어요. 도자기, 수를 놓은 천, 소형 조각상, 주방 도구 같은 것들을 말이에요. 파란집의 정원은 열대식물, 속삭이는 소리가 들리는 것 같은 분수, 이국적인 동물이 어우러진 멕시코 정글로 변했지요. 지금은 비록 예전처럼 거미원숭이, 멕시칸 헤어리스 도그, 앵무새가 색색의 꽃과 선인장 사이에서 노닐지 않지만 나머지는 그다지 변하지 않았어요. 그러니 파란집의 문을 열고 프리다 여왕님의 톡톡 튀는 왕국으로 들어가 보세요!

* '프리다 칼로 박물관'은 보통 '파란집'이라고 불려요. 스페인어로 '카사 아술'이라고 합니다.

프리다 칼로 박물관은 원래 프리다 칼로가 살던 집이에요.
프리다는 아버지가 지은 이 집에서 1907년에 태어났어요.
그리고 화가 디에고 리베라와 결혼하고 나서 이 집에 돌아왔지요.
1954년에 프리다가 세상을 떠나자 집은 박물관이 되었습니다.
그렇지만 프리다와 디에고가 여전히 이곳에 사는 것 같은 분위기가 있어요…….

이렇게 짙은 파란색은 불운을 물리친다고 해요. 바닥은 붉은색이고 창틀은 초록색……. 어쩌면 집조차도 프리다를 닮아서 활기차고 생명력이 넘칠까요!

디에고 리베라는 누구인가요?
멕시코의 '벽화' 화가 디에고 리베라(1886~1957)는 거대한 벽에 그림을 그리는 작업으로 명성을 쌓았어요. 1929년에 프리다 칼로와 결혼했는데 그때 프리다는 스물한 살이었고 디에고는 마흔여섯 살이었지요. 두 사람은 평생 서로 뜨겁게 사랑하고 헤어졌다가 또다시 만나기를 반복했어요.

프리다 칼로는 누구인가요?
멕시코의 여성 화가이자…… 신화가 된 인물이지요! 개성이 강하고 독립적이었던 프리다의 짧지만 치열했던 생애(1907~1954)는 작품들 못지않게 마음을 사로잡아요. 그래서 프리다 칼로를 주제로 하는 책, 다큐멘터리, 영화도 만들어졌답니다.

믿을 수 없는 발견
2003년에 프리다 칼로의 물건들이 오랜 망각에서 깨어났어요. 옷, 장신구, 편지, 사진, 책, 화장품, 복용 약…… 디에고는 이러한 사적인 물품들을 파란집의 두 개 욕실에 전부 집어넣고 문을 잠근 후 자신이 죽고 나서 한참 지난 뒤에 열어 보라고 했대요. 소규모 팀이 이 물건들을 분류하고 정리하는 데만 4년이 걸렸습니다. 하지만 그런 꼼꼼한 작업 덕분에 우리는 프리다의 삶, 취향, 멕시코 민중을 위한 정치적 참여, 병마와 맞서 싸운 용기에 대해서 더 잘 알게 되었지요.

★ **알아 두세요**
디에고가 파란집을 멕시코에 기증함으로써 이곳은 일종의 생가 박물관이 되었어요. 순전히 입장권 판매 수익과 기부금으로 운영됩니다.

프리다의 방

프리다는 열여덟 살에 버스 교통사고로 허리를 심하게 다쳤어요. 그래서 몇 달간 꼼짝도 못 하고 침대에 누워 지내야 했지요. 그는 통증과 지루함을 달래기 위해 그림을 그리기 시작했습니다. 부모님은 닫집 침대 천장에 거울을 달아서 프리다가 자기 얼굴을 보고 그릴 수 있게 해 주었어요. 이렇게 프리다는 수많은 자화상을 그렸지요.

▶ **관람을 위한 조언**

파란집의 주방에 잠시 머물러 보세요. 레몬색 주방 가구 사이에서 장작불에 올린 솥이 보글보글 끓고 향신료 냄새가 물씬 풍기는 상상을 해 봐요. 프리다와 디에고는 맛이 진한 요리를 즐겨 먹었다고 해요. 닭이나 오리의 고기를 초콜릿과 고추로 만든 소스에 뭉근하게 익혀 내는 '몰레 네그로' 같은 요리를요.

패션이 근사해요!

프리다는 멕시코인이라는 자부심을 품고 멕시코 문화를 소중히 여겼어요. 특히 이웃 나라 미국의 문화는 지나치게 불평등하다고 생각해서 그리 좋아하지 않았어요. 멕시코 전통 의상을 평소에도 즐겨 입었는데 파란집에는 그 옷들도 남아 있답니다.

↙ 화관

↙ 마야 옥목걸이

↙ 레보소(멕시코 전통 숄)

↙ 멕시코 귀걸이

↙ 통이 넓고 긴 치마

↙ 즐겨 썼던 향수(겔랑의 샬리마)

🔍 **박물관에서 일하는 사람들: 서적 복원사 앙헬**

프리다와 디에고는 대단한 독서가였어요. 앙헬은 이 부부가 소장했던 책들의 관리를 맡고 있지요. 떨어져 나간 책장을 연결하고, 습기의 흔적을 제거하고, 닳아 빠진 장정을 손보는 일이에요. 앙헬이 이렇게 관리한 덕분에 예술가 부부의 관심사(시, 역사, 과학, 정치 등)를 보여 주는 책들이 오래오래 남을 수 있었지요.

뉴욕의 미국 자연사 박물관
지구의 신비와 경이

공룡 전시는 아주 넓고 천장이 높은 공간을 필요로 하기 때문에 여간 어렵지 않아요. 물론 미국 자연사 박물관이라면 문제없지요! 입구에 들어서자마자 둥근 천장 아래 쥐라기에나 있을 법한 광경이 눈앞에 펼쳐집니다. 목이 무척 긴 초식공룡이 무시무시한 육식공룡 알로사우루스의 공격에서 자기 새끼를 보호하려고 싸우는 광경이지요. 자, 공룡 표본 전시로는 세계 제일인 미국 자연사 박물관에 어서 오세요! 이 박물관은 포유류 박제, 아메리칸 인디언들의 토템, 우주관도 볼만하지만 스테고사우루스, 트리케라톱스, 그리고 스티븐 스필버그 감독의 영화 <쥐라기 공원> 포스터 모델로도 활약했던 저 유명한 티라노사우루스 렉스의 뼈를 거의 전부 소장하고 있는 것으로 잘 알려졌지요.

미국 자연사 박물관은 학술 탐사를 지원하면서 이 놀라운 컬렉션을 더욱더 풍부하게 늘려 나가고 있어요. 이곳에 소속된 고생물학자들은 기꺼이 사무실 대신 사막과 산맥으로 떠나 화석을 발굴하기 위해 모래와 바위를 샅샅이 뒤지지요. 그러다 보면 디플로도쿠스의 발자국에 관한 연구가 진전을 보일지도 모르잖아요? 최근에도 아르헨티나에서 지금까지 알려지지 않았던 종의 거대한 공룡이 존재했었다는 증거가 나왔지요. 미국 자연사 박물관은 이 공룡의 뼈도 형태를 복원해서 전시해 놓았습니다. 전시실 공간으로 수용이 안 되어 머리뼈는 옆 복도로 튀어나와 있지요! 몸길이 37미터의 이 공룡은 현재까지 발견된 공룡 가운데 가장 큰 것이랍니다. 적어도 아직까지는 말이에요…….

미국 자연사 박물관은 뉴욕 맨해튼에 있어요. 뉴욕에서 가장 큰 녹지인 센트럴파크를 마주 보는 위치이지요. 자연사 박물관은 이 도시에서 가장 오래되고 가장 큰 박물관 중 하나입니다. 1877년에 문을 연 이후로 개선문 형태의 이 입구로 얼마나 많은 세대의 어린이들이 드나들었는지 몰라요.

앨버트 빅모어는 누구인가요?

미국 자연사 박물관이 설립될 수 있었던 것은 빅모어 박사 덕분이에요.
1839년에 태어난 앨버트 빅모어는 어릴 적부터 과학을 좋아했어요.
그는 해양 동물을 연구하고 조개껍데기를 수집했습니다.
동물학 박사가 된 후에는 뉴욕에 과학 관련 박물관을 설립하기 위해 백방으로 노력했지요.
노력은 결실을 거두었어요! 박물관이 건립되었고 앨버트 빅모어는 초대 큐레이터로 일했답니다.

디오라마

공룡과 매머드 뼈로 유명한 박물관이지만 그 외에도 놀라운 구경거리가 많이 있어요. 광물, 운석, 예술품…… 디오라마는 절대 빼놓을 수 없지요. 유리에 모형이나 그림을 원근감 있게 비추어 실제 장면을 보는 것 같은 느낌을 주는 장치인데요, 미국 자연사 박물관의 디오라마는 모든 대륙의 동물들을 자연에 있는 그대로 보여 줍니다. 100년 전에 특히 유행했던 이러한 디오라마는 뉴요커들에게 머나먼 야생의 고장을 직접 여행하는 기분을 느끼게 해 주었어요.

▶ **관람을 위한 조언**

생물다양성 전시관에서 다양한 '생명의 스펙트럼'을 발견해 보세요. 곤충류, 파충류, 포유류, 조류, 어류 등의 1,500개 개체와 식물이 어우러진 30미터 길이의 진열창은 지구에서 생명이 지니는 특별한 다양성과 수백만 년에 걸친 종의 진화를 보여 줍니다.

과학 선생님이 될 테야

이 박물관에는 자연과학 계열의 교사를 양성하는 고등교육기관이 있어요. 미래의 선생님들은 해양관의 대왕고래 아래서 학위증을 받게 됩니다. 지구상에 존재하는 가장 큰 동물인 대왕고래를 실물 크기로 재현해 놓은 것이지요.

★ 알아 두세요

자연사 박물관에도 변화의 바람이 불고 있어요. 시오도어 루스벨트 동상이 철거된 것이 그 예이지요. 루스벨트는 1901년에서 1909년까지 미국 대통령을 지낸 인물입니다. 문제의 동상에서 그는 말을 타고 있는데 흑인과 인디언은 양옆에서 걷고 있었거든요. 80년 전에 설치된 이 동상이 이제 많은 뉴요커에게 불편하게 느껴지는 것이지요.

'평등과 통합'

박물관은 서부 아메리칸 인디언 관련 전시관을 새로 단장하면서 평등과 통합을 기치로 삼았어요. 미국과 캐나다에 사는 인디언의 후손들이 직접 이 프로젝트에 참여하거나 자문을 맡았지요. 이 전시관에서 가장 눈길을 끄는 것은 20미터 길이의 통나무를 깎아서 만든 카누입니다.

종이접기로 장식한 트리

크리스마스가 되면 자연사 박물관은 트리를 세우고 종이접기로 만든 동물 수백 마리로 장식을 합니다. 장식의 주제는 곤충, 공룡, 해양 생물 등으로 매년 바뀌어요.

제7의 예술이 부리는 마법

<박물관이 살아 있다!>는 뉴욕에서 아주 멀리 사는 사람도 이곳의 내부를 들여다볼 수 있게 해 주었어요. 2006년 개봉한 이 영화에서 마음 편한 일을 찾아 자연사 박물관 야간 경비로 취직한 주인공(벤 스틸러 분)이 기상천외한 모험에 휩쓸리게 되지요! 영화는 크게 성공을 거두면서 속편이 2탄, 3탄, 4탄까지 나왔어요.

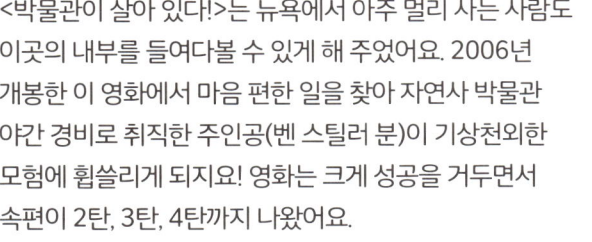

🔍 박물관에서 일하는 사람들: 포유류부 큐레이터 낸시

낸시는 신기한 포유류, 날 수 있는 유일한 포유류인 박쥐에 특히 관심이 많아요. 수백만 년 전에 살아남은 익수목*—박쥐목이라고도 하지요—을 연구해서 이 동물이 어떻게 진화해 왔는지 추론하고 주기적으로 탐사 여행을 떠나지요. 그 덕분에 낸시는 아프리카의 산에서 주황색 털이 난 박쥐의 새로운 종을 발견하기도 했대요. 우리 모두 이 불굴의 '배트우먼'에게 박수를 보냅시다!

* '익수목'은 '손이 날개가 된 동물'의 분류를 가리키는 말이에요.

케브랑리의 월요일은 다른 요일들 같지 않아요. 휴관일이니까요! 전시 공간에는 관람객이 없지만…… 박물관은 살아 숨 쉬고 있어요. 큐레이터들은 모처럼 조용해진 박물관을 둘러보면서 소장품을 점검하지요. 케 브랑리 박물관은 아프리카, 아메리카, 아시아, 오세아니아의 조각상, 세공품, 의상 등을 소장하고 있어요. 어떤 큐레이터는 붓으로 파푸아 가면에 쌓인 먼지를 정성스레 떨어내요. 북아메리카 담당 큐레이터는 시우족 인디언의 머리 장식을 살피면서 깃털 사이에 벌레라도 끼지 않았는지 확인하고요. 조금 더 들어가면 복원실에서도 분주하게 작업 중인 사람들이 있지요.

금색 부츠에 분홍 머리를 한 스테파니는 이 최첨단 연구실의 요정이에요. 복원실은 전시실 옆에 있어서 소장품이 손상됐을 경우 빠르게 손볼 수 있지요. 최근에는 희귀한 고악기 150여 점이 스테파니의 팀으로 넘어왔어요. 보수가 끝난 악기는 수장고로 들어갑니다. 누구나 들여다볼 수 있는 투명 탑 모양의 수장고에는 팀파니, 북, 발라폰,* 종, 하프, 징 등이 가지런히 놓여 있어요. 세상의 모든 노래를 지키는, 소리 없는 오케스트라 같지 않나요.

* '발라폰'은 아프리카 전통 악기예요. 박으로 된 실로폰을 상상해 보세요!

파리의 케 브랑리 박물관

에펠탑 아래 모인 사 대륙

케 브랑리 박물관은 자크 시라크 대통령 재임 시기에 건립되었습니다. 프랑스의 시라크 대통령은 유럽 대륙이 아닌 다른 대륙의 문화와 예술을 기리는 장소를 만들고 싶어 했거든요. 박물관 부지는 센강 근처 케 브랑리였어요. 건축가 장 누벨이 디자인한 길쭉한 곡선 건물은 강굽이와 잘 어우러질 뿐 아니라 높이가 낮아서 에펠탑을 전혀 가리지 않아요. 이 박물관은 2006년에 개관했지요.

👉 건물의 한쪽 벽은 1만 5,000개 식물로 이루어져 있어요. 식물학자 파트리크 블랑이 이 식물 벽을 디자인했습니다.

장 누벨은 누구인가요?
프랑스 출신의 슈퍼스타 건축가로 금속과 유리를 특히 즐겨 사용해요. 전 세계를 누비며 이름난 고층 건물과 미술관을 다수 설계했지요. 우리나라의 리움미술관도 누벨의 작품이에요.

원주민 그림
이 박물관은 하나의 예술 작품으로 설계되었어요. 오스트레일리아 원주민인 '애버리지니' 예술가들이 이곳의 벽이며 천장에 그림을 그렸습니다. ……또 지붕에도요!
거대한 물고기의 비늘을 형상화한 이 그림을 보려면 바로 옆에 있는 에펠탑에 올라가세요.

사 대륙 여행
나선형 복도를 따라가면 아주 큰 전시실이 나와요. 어슴푸레한 조명 속에 3,500점의 전시물이 눈에 들어올 거예요. 관람객은 오세아니아에서 아시아로, 아프리카에서 아메리카로 넘어갑니다. 물건, 옷, 사진, 노래, 동영상이 그 대륙들에서 펼쳐진 인간의 역사를 이야기하지요. 여기서 놓치지 말아야 할 전시물 넉 점을 소개할게요.

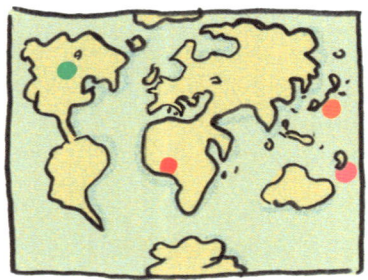    

코트디부아르 추장의 장신구
(아프리카)

카나크 원주민의 가면
(오세아니아)

일본 사무라이의 갑옷 (아시아)

아메리칸 인디언의 곰 토템폴
(아메리카)

마스코트
비교적 최근에 생긴 이 박물관은 파리의
인류 박물관에서 소장품의 상당 부분을 이어받았어요.
그리고 새로운 소장품도 꽤 사들였는데 그중에서도
2,000년 전의 멕시코 테라코타 조각상은
케 브랑리의 마스코트가 되었지요.

▶ **관람을 위한 조언**
케 브랑리 박물관의 정원은 누구나 무료로 입장할 수 있어요. 유럽의 다양한
고사리, 일본의 목련, 아메리카의 단풍나무가 어우러진 정글이 박물관
건물 주위는 물론이고, 아래 공간도 차지하고 있지요. 건물 아래에서 식물이
자랄 수 있는 이유는 이 박물관이 필로티 구조이기 때문이에요. 이 정원에서
콘서트, 낭독회, 체험 교실 등이 수시로 열린답니다.

자재 라이브러리
이곳은 관람객의 눈에 띄지 않아요! 책장 비슷한 장에 뼛조각, 가죽, 깃털,
낟알, 조개껍데기, 심지어 고슴도치의 가시까지 보관되어 있지요.
이 표본은 수습 복원사들이 여느 박물관과는 성격이 사뭇 다른
케 브랑리 전시물들의 구성 요소 및 원재료와 익숙해지는 데
크게 도움이 돼요.

★ **알아 두세요**
케 브랑리에는 15세 이상 관람객이면 누구나 이용할 수 있는
독서실이 있습니다. 여기서는 잎이 무성한 대나무 사이에서
만화책이나 최신 전시회 카탈로그를 들춰 볼 수 있어요.

🔍 **박물관에서 일하는 사람들: 조경사 질**
질은 어렸을 때부터 흙을 만지기 좋아했고 자연을 사랑했어요. 그래서 자연을 가꾸는 일을
직업으로 삼았어요. 질은 생태주의적 정원을 만들고 싶었습니다. 그가 하나부터 열까지
전부 설계한 케 브랑리 박물관 정원이 바로 그런 정원이지요. 질은 아주 먼 곳에서 왔지만
파리의 기후에 적응할 수 있는 이국적인 식물들을 골랐어요. 그리고 식물이 자기 리듬대로
자랄 수 있도록 기다려 주는 것을 중요하게 생각해요. 정원사는 정이 깊지만 신중한 부모처럼
식물을 지켜보는 역할만 할 뿐이에요. 질은 자신이 만든 정원이 해가 바뀌고 철이 바뀔 때마다
어떻게 변해 가는지 살펴보기 위해 이곳에 자주 와 본답니다.

글 에바 벵사르

프랑스의 예술 저널리스트이자 어린이를 위한 책을 쓰는 작가예요. 『지구 박물관 여행』 속 「루브르 박물관」 편에 나오는 에콜 뒤 루브르와 파리 제1대학교에서 공부했습니다. 예술 및 건축 전문 잡지들에 정기적으로 글을 싣고, 예술사와 문화재를 주제로 한 어린이 논픽션 그림책을 여럿 출간했어요. 그중 『나의 작은 예술사』가 2014년 이스토리아 아동도서상을, 『연』이 2019년 이스토리아 아동도서상을 받았습니다. 벵사르의 책에는 생동감 넘치는 문장, 웃음, 예술, 역사, 근사한 여행이 행복하게 공존합니다.

그림 뱅자맹 쇼

프랑스의 유명한 어린이 책 작가예요. 글도 쓰고 그림도 그립니다. 스키 선수를 꿈꾸다가 파리 국립 고등 응용미술공예학교와 스트라스부르 국립 고등 장식미술학교에서 공부했습니다. 앙증맞은 분홍 코끼리와 호기심쟁이 아기 곰을 특히 많이 그렸고, 지금까지 100여 권의 책을 출간했어요. 2013년 《뉴욕 타임스》 올해의 그림책에 선정된 『곰의 노래』를 비롯해 다양한 작품이 여러 나라 말로 옮겨져 세계적으로 사랑받고 있답니다. 2013년에는 문화예술공로훈장 슈발리에를, 2014년에는 미국의 일러스트레이터협회 금메달을 받았으며, 여러 차례 아스트리드린드그렌추모상 후보에 올랐습니다. 아주 작은 부분까지 신경 쓰는 쇼의 경쾌한 그림은 다채로운 팔레트로 더욱 생생해집니다. 리듬감 있고 유머러스한 선들은 박물관의 신성함을 넘어서고자 하는 『지구 박물관 여행』과 딱 들어맞지요.

옮김 이세진

서강대학교에서 철학과 프랑스 문학을 공부했고, 같은 학교 대학원에서 프랑스 문학을 좀 더 깊이 공부했습니다. 지금은 다양한 분야에서 다양한 언어로 쓰인 책을 우리말로 옮기는 일을 하고 있습니다. 그중 어린이를 위한 책으로는 『나, 꽃으로 태어났어』, 『내가 여기에 있어』, 『색깔을 찾는 중입니다』, 『난 나의 춤을 춰』, 「돌아온 꼬마 니콜라」(전 5권) 등이 있어요.

*

이 책에 도움을 주거나 영감을 불어넣어 주신 박물관 관계자분들께 감사드립니다. 특히 잔니 크레아, 루시아 아히레, 마리아 페르난데스 사바우, 이도이아 아라테, 아이토르, 필리프 푸샤르, 샤를로트 레스칼, 마리안 쿤, 세실 뒤물랭, 앙겔리키 갈라나키, 뮈리엘 필퀼, 바르바라 르페쇠, 마리샤를로트 칼라파, 엘렌 탐, 도린과 텐수, 이자벨 드 비외유빌, 마리옹 브네토, 올리비에 브뤼넬, 에리크 르페브르, 스테파니 엘라르비, 알렉상드르 올랭, 크리스텔 모레토, 가엘 드 베르네드, 페데리카 파케티에게 고마움을 전합니다.
예르미타시의 고양이 루시카, 마브리크, 샤를롯카를 다정하게 쓰다듬어 주는 것도 잊지 마세요.   _에바 벵사르

박물관들의 문을 열어 주신 아리안 아드리아니 대모님께 감사드립니다.   _뱅자맹 쇼

지구 박물관 여행

초판 1쇄 펴낸날 2025년 3월 10일
초판 3쇄 펴낸날 2025년 5월 18일

지은이 에바 벵사르, 뱅자맹 쇼
옮긴이 이세진
펴낸이 허주환

총괄 김현지
마케팅 윤유림, 정원식
디자인 곰곰사무소
제작 이정수, 박지수

펴낸곳 ㈜아이스크림미디어
출판등록 2007년 3월 3일(제2011-000095호)
주소 13494 경기도 성남시 분당구 판교역로 225-20(삼평동)
전화 02-2184-8592
팩스 02-6280-5222
전자우편 books@i-screammedia.com
홈페이지 www.i-screammedia.com
인스타그램 @iscream_book
블로그 blog.naver.com/iscream_book

ISBN 979-11-5929-029-9 77300

- 잘못 만들어진 책은 구입처에서 교환해 드립니다.
- 책값은 뒤표지에 있습니다.

Le grand livre des musées
Copyright ©2023, Editions Arola
All rights reserved.

Translation copyright ©2025, i-Scream Media CO., LTD.
This edition was published by arrangement with The Picture Book Agency, France and EYA Co., Ltd., Korea. All rights reserved.

이 책의 한국어판 저작권은 EYA Co., Ltd.를 통해 The Picture Book Agency와 독점 계약한 ㈜아이스크림미디어가 소유합니다. 저작권법에 의하여 한국 내에서 보호를 받는 저작물이므로 무단 전재 및 복제를 금합니다.

CRÉDITS
Les illustrations de ce livre ont été réalisées d'après des œuvres d'artistes anciens et modernes.
Les œuvres suivantes sont protégées par copyright :

Au musée Guggenheim de Bilbao
Pour le bâtiment du musée, conçu par Frank Gehry (1997) : © Architectural Works by Gehry Partners, LLP.
Pour l'œuvre *Maman* de Louise Bourgeois (1999) : © The Easton Foundation / Adagp, Paris 2023.
Pour l'œuvre *Tulipes* de Jeff Koons (1995-2004) : © Jeff Koons.
Pour l'œuvre *Puppy* de Jeff Koons (1992) : © Jeff Koons.
Pour l'œuvre *La Matière du temps* de Richard Serra (1994-2005) : © Adagp, Paris, 2023.

Au Mucem de Marseille
Pour le bâtiment du musée, conçu par Rudy Ricciotti et Roland Carta (2013) :
© Architectes Rudy Ricciotti et Roland Carta / Mucem.
Pour le jardin : © Agence APS - Jardin des Migrations / Mucem.

Au musée du Quai Branly à Paris
Pour le bâtiment du musée, conçu par Jean Nouvel (2006) : © Jean Nouvel / Musée du Quai Branly / Adagp, Paris, 2023.